# 我要自己來

關心妍、羅乃萱　著

Kyra Chan　圖

# 向孩子傳遞正向價值信念

家，是孩子的第一所學校。而父母，就是他最好的老師與示範。

這些年從事親子教育，眼見很多孩子被父母寵壞：動輒就大叫大喊發脾氣，但骨子裏卻是缺乏自信，不懂得愛惜自己、尊重別人。更不懂的，就是如何自律，安排時間，甚至收拾東西、做家務等等。

別以為這些是小事，讀好書考好成績是大事。

不。

當一個孩子對自己有信心，他便會接受新的挑戰與成長。

當一個孩子懂得愛惜自己，他便會懂得怎樣關心別人。

當一個孩子懂得自律，他便會自動自覺，懂得規劃時間。

當一個孩子懂得自理，他便會更獨立懂得照顧自己，不用要求父母事事幫忙。

這也是我跟心妍的信念。

所以當那天，心妍跟我談到她想寫些對幼稚園孩子有正向教育意義的兒歌時，我就想到這四個可以寫成日常生活故事的兒童繪本。結果，一拍即合，她提供一些故事橋段，我動筆把自己觀察的跟她的配合來寫。但這四本書最特別之處，是她寫了四首琅琅上口，極易背誦的兒歌，配合故事讓孩子邊讀邊唱，我們想傳遞給他們的價值信念，就是可以這樣「深入童心」了。

　　自從當了婆婆後，發覺自己好像「重新做人」似的，重新學習跟這一代的孩子相處。而每趟跟乖孫的互動，都是超級愉快，更發現他十分喜歡互動故事。所以當父母與孩子共讀這套書的時候，可以自加一些延伸活動：

　　如心心怕去面試，和父母玩的「扮老師」遊戲可以延續下去，好像「扮爸媽」、「扮公公婆婆」、「扮家務助理姐姐」等。這樣我們就可以知道多一點這些人物在孩子心中的形象。

　　如信信的自理故事可延伸至問孩子想幫媽媽做哪些家務，會否想幫忙「洗米」、「搓麵粉做麵包」等等，都可增加孩子對家務的興趣。有朋友告訴我，自從孩子懂得「洗米」後，他的那碗飯都是吃得一乾二淨的。

　　不少父母覺得閱讀就是要孩子「識字」，我卻深深覺得，讓孩子透過閱讀愛上閱讀，對世界充滿好奇，並覺得閱讀是跟自己的生活貼近的，才是閱讀的初衷。

至於怎樣跟孩子講書中的故事，可按他們的年齡與認知程度調校。二三歲的孩子，可以讀一兩頁，問問他書中的圖畫內容，慢慢讀慢慢欣賞繪本中的圖畫。如果孩子可專心聽，就可以一頁一頁跟他分享，歡迎家長在其中加入情節，如加入公公婆婆等，會更貼近他的生活。更加鼓勵的是，當孩子讀那本有關「自律」的繪本讀得入神時，忽然見到家中有幾本繪本沒放好，便將之放回書架，這類「讀以致用」的投入，我絕對歡迎。

　　我是個愛突發奇想，任由腦袋自由奔放想像的人。所以很歡迎各讀者（特別是爸媽）將這四個故事的主幹「妙想天開」，發揚光大。不過重要的是，故事中的四個信念：自理、自信、自律、自愛要深深種在孩子的心靈啊！

羅乃萱

# 讓孩子走上正確的道路

「教養孩童，使他走當行的道，就是到老他也不偏離。」

——箴言 22:6

　　自我成為母親後，以上這句一直都是對我十分重要的經文。孩子要從小開始教導，讓他未來走上一條正確的道路，不偏離左右。因此在創作這套繪本時，特以自理、自信、自律、自愛為主題。現在的小朋友很需要學習「自己的事自己做」，從小培養獨立的習慣。當孩子發現，在學校或日常生活上，很多事情他都可以做得到時，就能夠提高他們的信心，變得更加有自信。孩子有自信的時候，他就會有喜樂，就會有平安，就會有好的品格。

　　希望這套繪本和我創作的兒歌，都能夠祝福我們的孩子。

關心妍

信信是個很獨立的大男孩。
他最愛說的一句話，就是：

我要 自己來！

早上，媽媽叫他穿校服
準備上學，他說：

我要自己穿！

媽媽幫他穿鞋子，他說：

我要自己穿！

洗澡前，媽媽想把他脫掉的髒衣服
放到洗衣籃裏，他說：

媽媽在廚房裏洗菜，準備晚餐，
信信看到便上前幫忙，說：

我要幫忙洗菜！

心心見到哥哥信信這樣做，
也跟着做。

爸爸放工回家，
心心便遞上拖鞋給爸爸穿，
信信亦為爸爸遞上一杯水。

當媽媽累了，信信跟心心
就一起為媽媽按摩。

這天早上，
信信正準備乘校車上學。
信信不要媽媽扶着他，
甩開媽媽的手，説：

**我要自己上車！**

校車的梯級很高，
媽媽連忙說：
「不行啊！太高了，
很危險，會摔下來的！」

媽媽的話還未說完，
信信就從車上摔了下來，
跌傷了膝蓋。

「痛嗎？貼上傷口貼，等一下就沒事了。
但以後記得，有些事情是需要大人幫忙的啊！」
媽媽說。

信信點點頭。

這天，信信想拿廚房
櫃子上的餅乾來吃，
就跟心心說：
「請媽媽來幫忙吧！」

心心在房間找到正在熨衣服的媽媽，説：
「我和哥哥想吃餅乾，可以幫我們取下來嗎？」

媽媽去到廚房，
站上小椅子，

把他們愛吃的巧克力餅乾
從高櫃上拿下來。

過了幾天，
信信又想吃餅乾了。

「我要自己試試去拿！」
於是他就學媽媽
站到小椅子上。

他因為不夠高，
怎樣伸手也拿不到餅乾。

一個不小心，
沒有站穩，
就要跌下來了！

信信知道了，
有些危險的事情
是不可以自己來，
一定要爸爸媽媽
在旁幫忙才可以。

好像過馬路時
要拖着大人的手,

請爸爸媽媽幫忙
拿取放在高處的東西,

倒熱水時也要
請大人幫忙……

信信也知道，
有些事情他可以做的，
就自己去做，
不用爸媽提醒。

好像每天把
玩過的玩具收拾好，

把看過的書放回書架，

把髒衣服
放進洗衣籃……

他和心心玩完泥膠後，
也會一起把泥膠放回盒子，
心心也很樂意跟隨哥哥的榜樣。

爸爸媽媽看見他們
這樣獨立懂事，都很開心，
更讚賞他們兄妹說：
「你們真是獨立自主、
自理能力頂呱呱的
乖寶寶啊！」

# ◎ 親子互動區 ◎

## 想一想

1. 信信愛說「我要自己來」，他會自己做些什麼事情？
2. 你能夠自己做的事情跟信信一樣嗎？還有什麼事情你可以自己來？
3. 「自己的事自己做」，說一說有哪些事情應該自己去做，不用爸媽提醒？
4. 危險的事情如果沒有大人幫忙，會有怎樣的後果？（家長舉例，孩子回答）
5. 有哪些家務你可以幫忙做的？

## 動一動

1. 親子一起做沙律或做麵包（或其他簡單的食物）。
2. 親子一起製作家務參與獎勵表，孩子幫忙做家務後把獎勵貼紙貼在表上。
3. 親子一起聽聽唱唱這本書所附的兒歌，家長也可和孩子一起設計動作，邊唱歌邊跳舞。

掃描 QR 碼，和孩子一起唱兒歌。

# 自理的孩子

主唱：關心妍、楊榮心
作詞：關心妍
作曲：關心妍
編曲：李明宇

♩ = 72.5

自己的事自己做　不必旁人幫我做　但 危 險 的 事 不要自己做　找

爸媽幫 我　自 理 的 寶寶獨立自主 自 理 能 力 頂呱呱　獨立 又 懂 事 像個小天使 自

己 的 事 I can do - it

自家訓練系列 ①

# 我要自己來

作　　者：關心妍、羅乃萱

繪　　者：Kyra Chan

責任編輯：周詩韵

美術設計：Kyra Chan

出　　版：明窗出版社

發　　行：明報出版社有限公司

　　　　　香港柴灣嘉業街18號

　　　　　明報工業中心A座15樓

電　　話：2595 3215

傳　　真：2898 2646

網　　址：http://books.mingpao.com/

電子郵箱：mpp@mingpao.com

版　　次：二〇二二年七月初版

ＩＳＢＮ：978-988-8688-49-4

承　　印：美雅印刷製本有限公司

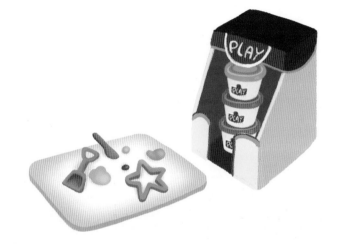

版稅收益將撥捐妍亮生命慈善基金及家庭發展基金作慈善用途。